AF257470

RÉPONSE A LA BROCHURE

DE M. DE FALLOUX

INTITULÉE

DES ÉLECTIONS PROCHAINES

PAR

M. G. LAUDET

INGÉNIEUR A PARIS

***

PARIS

IMPRIMERIE DE COSSE ET J. DUMAINE,

RUE CHRISTINE, 2.

—

1869

RÉPONSE A LA BROCHURE

DE M. DE FALLOUX

INTITULÉE

DES ÉLECTIONS PROCHAINES

L'homme sérieux dont l'unique préoccupation est de travailler au progrès de son pays et qui a été à même de juger, sans esprit de parti, les faits accomplis, reconnaîtra comme moi que la brochure que M. le comte de Falloux vient de publier au sujet des élections prochaines est remplie d'inexactitudes historiques admirablement groupées, de manière à faire croire que le peuple a toujours été abusé et gouverné par le despotisme, et que le parti qu'il représente peut seul donner au peuple français le bien-être et surtout une entière liberté.

Cette brochure, que le noble académicien a divisée en quatre parties : *l'abstention, la division, l'organisatain et le but,* deviendrait, par les inexactitudes calculées dont elle est remplie, le plus dangereux et le plus redoutable des piéges tendus à la classe ouvrière pour la détourner de son but dans les élections des 23 et 24 mai, si la vérité n'était pas rétablie.

L'ABSTENTION.

Mon but, comme je viens de le dire, est de rétablir la vérité. Je n'ai donc pas le temps ni le talent de suivre M. de Falloux dans son long raisonnement pour condamner les efforts tentés par beaucoup en faveur de l'abstention recommandée, par des personnes de son parti, comme le moyen de conserver à la société une réserve et une élite destinées à préparer de meilleurs jours ; ce qui veut dire à conspirer contre le gouvernement de la France issu du suffrage universel.

Je passerai de suite à la page 12, où M. de Falloux écrit :

« Refaire aujourd'hui par l'abstention une émigra-
« tion volontaire et factice, ce serait se plaire à créer
« de main d'homme les difficultés que la Providence
« avait daigné épargner à notre génération, ce serait
« affaiblir la résistance aux jours de lutte et préparer
« de cruels embarras aux jours du succès. »

M. le comte continue plus loin :

« Assurément, si l'on a pu jamais arrêter la vie et la
« séve politique dans une nation telle que la France,
« c'était en 1790. L'ancienne société se retirait à
« l'heure où la société nouvelle n'existait pas encore,
« tous les chefs de l'ordre militaire et de l'ordre civil
« appartenaient à la classe qui protestait soudainement
« par son absence ; soudainement aussi il fallait donc
« improviser des généraux et des soldats, des adminis-

« trateurs et même des commis. La fécondité de la
« France s'y refusa-t-elle? De toute part des noms et
« des services nouveaux surgirent à côté des noms et
« des services anciens, et l'œil qui contemple ce spec-
« tacle au seul point de vue de la richesse intellectuelle
« de son pays en est ébloui. »

Je m'arrête à ce passage, et je vous réponds : Toute
cette aristocratie qui venait, comme vous le dites,
d'émigrer à l'étranger en faisant le vide dans le camp
de la monarchie, en privant Louis XVI de ses défen-
seurs, ne passait pas à l'étranger dans le but de s'abs-
tenir, comme vous le prétendez. Son but était de conspirer contre les institutions nouvelles, et une partie de
cette aristocratie qui, précédemment, résumait en elle
la supériorité, s'alliait à l'étranger pour combattre la
France.

Cette abominable conduite eut pour conséquence
d'irriter le peuple et les hommes du pouvoir, qui n'é-
taient pas plus cruels que les chefs de l'ancien régime,
et ce furent ces conspirations réitérées qui causèrent en
France la perte d'une partie de la noblesse et du malheureux Louis XVI.

On est encore obligé de reconnaître, pour rester
dans l'entière vérité, que pendant le Consulat et l'Empire les nobles émigrés ne s'abstenaient pas davantage :
conspiration sur tous les points ; création de machines
infernales pour détruire le premier consul ; sous l'Empire, pas plus de trêve ni de repos : la guerre, toujours
la guerre. L'Empereur venait-il de conclure la paix

avec telle ou telle puissance que les mêmes hommes parvenaient à l'étranger, par de nouvelles machinations, à troubler de nouveau la tranquillité de la France, jusqu'à ce qu'enfin la nation épuisée succombait sous les forces réunies de toutes les puissances étrangères.

Après une aussi abominable conduite, il est plus que téméraire, il est criminel de chercher à faire retomber la responsabilité des libertés perdues et du sang versé pendant les guerres de la République et de l'Empire sur Napoléon Ier, qui, au contraire, a constamment travaillé à la grandeur et à la prospérité de la France.

Voilà, monsieur de Falloux, de quelle manière l'aristocratie s'est abstenue de 1790 à 1814. Dieu veuille que l'appel que vous faites aujourd'hui à votre parti ne soit pas aussi funeste à la France que ces prétendues abstentions du passé !

LA DIVISION.

Dans ce chapitre, l'auteur de la brochure parle d'un passé plus récent avec non moins d'inexactitude. Il écrit :

« La République du 24 février, issue du droit de
« l'émeute inauguré par un gouvernement provisoire,
« fut attaquée dès les 17 mars et 15 avril par des répu-
« blicains..... Par qui fut-elle défendue? par le parti
« de l'ordre tout entier, courant aux armes pour sou-
« tenir ce qui avait été créé sans lui et contre lui ; le
« droit de l'émeute, si peu respecté des émeutiers, fit

« bientôt place à une assemblée fiévreusement mais
« régulièrement élue par le suffrage universel. C'était
« un second titre plus imposant que le premier et
« qu'eussent dû tenir pour sacré les promoteurs ex-
« clusifs de la souveraineté nationale.

« L'Assemblée constituante, ouverte le 4 mai, était
« envahie onze jours après, le 15. Par qui? par de pré-
« tendus républicains. Par qui fut-elle défendue et
« sauvée?...... Qu'on veuille bien s'y reporter, et l'on
« verra de quels rangs étaient sortis les hommes qui,
« ce jour-là encore, empêchèrent la République de
« sombrer dans le sang et l'anarchie.

« Passe pour le 15 mai, dira-t-on, mais les ateliers
« nationaux et les journées de juin! »

L'auteur continue : « Il est fatigant de protester
« contre le parti pris et la mauvaise foi. J'ai donc laissé
« publier, sans mot dire, depuis nombre d'années,
« l'indigne calomnie qui ne cesse point de répéter que
« la droite a sciemment, volontairement, provoqué la
« guerre civile au mois de juin pour en finir avec la
« République, et que c'est la dissolution des ateliers
« nationaux, obtenue par ma captieuse insistance, qui
« détermina l'insurrection. Or, la vérité, oubliée à
« peu près de tout le monde aujourd'hui, est celle-ci :

« Les ateliers nationaux n'ont jamais été dissous par
« un vote de l'Assemblée, ni avant ni après l'insur-
« rection.

« La dissolution a été décrétée et exécutée dictato-
« rialement, le 3 juillet, par le général Cavaignac et

« par un ministère composé de républicains de la
« veille, comme on disait alors : MM. Bethmont, Bas-
« tide, Carnot, Senard, Goudchaux, Touret et Tandres.

« Quand le général Cavaignac vint, dans la séance
« du 3 juillet, annoncer cette mesure à l'Assemblée,
« il s'exprima en ces termes :

« L'organisation des ateliers nationaux était, je dois
« le dire, au 23 juin dernier, une organisation formi-
« dable. La pensée qui avait présidé à cette organisa-
« tion était bonne et pure; mais, sans aucun doute,
« par la suite des temps, cette création était complète-
« ment détournée de l'intention qui y avait présidé, et,
« je le répète, l'organisation des ateliers nationaux
« était devenue formidable, elle était devenue mena-
« çante pour la liberté. »

M. de Falloux ajoute : « Cette vérité avait été re-
« connue avant mon arrivée au pouvoir, et j'ai été
« témoin des efforts qui ont été faits, efforts qui n'ont
« peut-être pas été assez appréciés, pour arriver à la
« dissolution pacifique de ces ateliers.

« C'est une vérité que je me fais un devoir de dé-
« clarer à cette tribune.

« La dissolution des ateliers nationaux étant ainsi
« rendue à sa véritable date et à son véritable carac-
« tère, peut-on soutenir, du moins, que la lecture de
« mon rapport, volontairement inopportune, a donné
« le signal de l'insurrection? pas le moins du monde.
« Il n'est pas un républicain qui, au début de l'Assem-
« blée, ne fût impatient de la dissolution des ateliers

« nationaux : M. Pascal-Duprat l'avait appuyée dans le
« comité de travail ; M. Considérant entrait dans la
« même sous-commission que moi. Le premier rapport
« que je lus avait été approuvé par lui. M. Trélat,
« ministre des travaux publics, fit afficher sur les murs
« de Paris un extrait de ce rapport, comme expression
« de la pensée même du gouvernement. L'Assemblée
« avait cru d'abord aux procédés transitoires. C'est en
« voyant grossir le péril dans des proportions qu'au-
« cune prudence et qu'aucune force ne pourraient bien-
« tôt conjurer, en apprenant que les ateliers nationaux,
« ouverts en mars pour trente mille ouvriers dans la
« détresse, contenaient alors cent vingt mille mutins
« et que cinquante mille autres frappaient à la porte ;
« c'est alors que l'Assemblée, se voyant à la merci de
« cette innombrable et mystérieuse armée, entendant
« de toutes parts les cris du commerce et de l'industrie,
« dont la ruine s'achevait par cette grève organisée, se
« sentit enfin gagnée par une impatience trop longue-
« ment provoquée. »

M. de Falloux continue en ces termes : « La dissolu-
« tion eût été prononcée avant le 23 juin, si je n'avais
« insisté au sein de la commission pour que cette
« mesure fût accompagnée d'une large allocation au
« budget, assurant le retour dans leurs départements
« d'une partie des ouvriers licenciés, et d'une sérieuse
« organisation de la prévoyance et de l'assistance
« publique. Ce plan, que j'avais mûrement étudié, sou-
« leva parmi les membres de la commission, non des

« objections de principes, loin de là, mais des hésita-
« tions à cause de son étendue même, et nous étions
« arrivés à la matinée du 23 juin sans avoir encore
« arrêté un parti définitif. Mais l'insurrection, qui se
« sentait menacée d'une désorganisation plus ou moins
« prochaine, avait résolu de ne pas l'attendre et de
« prendre la force publique au dépourvu. Dès le
« 22 juin, l'attaque s'annonça par un ultimatum porté
« à la commission exécutive qui siégeait alors au
« Luxembourg. Le 23 juin au matin, des barricades se
« dressaient et le sang avait coulé. »

J'ai tenu à transcrire en entier ce récit de M. de Falloux pour que l'on puisse bien être convaincu des
inexactitudes calculées sur cette malheureuse affaire des
ateliers nationaux, ou bien de l'ignorance des hommes
de parti qui prétendent avoir seuls le talent de gou-
verner leurs semblables.

Il est donc de mon devoir, dans cette circonstance,
de faire connaître l'entière vérité, pour que la responsabilité du sang versé dans ces malheureuses journées
retombe sur qui de droit.

Sans prévoyance de l'avenir, les hommes de l'oppo-
sition révolutionnaire, dont le métier était de conspirer,
donnaient, le 23 février, le signal de la révolte, pre-
naient comme siége l'Hôtel de Ville, et y établissaient
un gouvernement provisoire.

Ce changement imprévu mit dans le plus grand embarras le commerce et l'industrie, les faillites surgirent
en grand nombre. D'un autre côté, un des membres du

nouveau gouvernement, M. Louis Blanc, qui siégeait au Luxembourg, accordait aux députations ouvrières tout ce qu'elles exigeaient, entre autres, moins d'heures de travail et une rémunération plus forte de la journée. Toutes ces causes accumulées portèrent le plus grand trouble chez les commerçants et les industriels ; de là la fermeture de la plus grande partie des magasins et des ateliers. C'est alors que le gouvernement provisoire eut recours aux ateliers nationaux.

Le 16 mars, le nombre des embrigadés était de vingt-cinq mille.

Le 2 avril, le sous-directeur des ateliers disait, dans un ordre du jour adressé aux ouvriers :

« La solde de 1 fr. à l'état d'inactivité est, malgré
« son peu d'élévation, un sacrifice considérable, puis-
« que cinquante mille ouvriers sont embrigadés.

« On vous a retenu la solde du dimanche ; cette
« retenue, citoyens, était dictée par la plus impérieuse
« des nécessités. Le maire de Paris a fait savoir aux
« maires des douzes arrondissements qu'ils aient à
« cesser tous secours dans leurs mairies, soit en argent,
« soit en nature. Les ouvriers nous ont été tous en-
« voyés ; ils ne pouvaient être admis et embrigadés que
« selon le tour de chaque arrondissement ; ce tour
« n'arrive que tous les sept jours. Ces hommes sont
« forcés, au moins pendant huit jours, la plupart char-
« gés de famille, de se contenter d'une livre de pain
« par jour, ce qui constitue un faible secours de quatre
« sous et demi. Ces hommes, je dois le dire, au milieu

« de leur souffrance, montrent un dévouement dont
« souvent, moi, qui les accueille, j'ai été ému jus-
« qu'aux larmes..... Un ouvrier ayant fait une récla-
« mation : Quoi ! a dit un ouvrier du huitième, vous
« avez quatre enfants ! j'en ai cinq, l'Etat ne peut me
« donner pour eux tous qu'un morceau de pain, je me
« tais et j'accepte. »

Un règlement général portant la date du 14 avril avait
soulevé au sujet des amendes un grand nombre de réclamations ; le lendemain on lisait à ce sujet dans une
circulaire du directeur :

17 avril 1848.

« L'extrait du règlement général des ateliers natio-
« naux que nous avons publié hier, dans l'intérêt de
« tous, a été mal compris par quelques-uns.

« Des fauteurs de désordres et d'anarchie ont par-
« couru les chantiers, et ont provoqué des réclamations
« injustes.

« Nous voulons le bien de tous par le concours de
« tous ; écoutez nos explications et le résumé des pro-
« messes que nous avons faites hier verbalement à vos
« délégués.

« Les amendes sont nécessaires à l'ordre, il n'y a
« que les mauvais ouvriers qui les repoussent ; jamais
« un bon ouvrier et un honnête homme ne s'exposera
« à être mis à l'amende ; il connaît trop bien ses droits

« et ses devoirs ; il sait que tous ses chefs sont ses
« amis et ses protecteurs naturels.

« En promettant, à partir d'aujourd'hui, à tous les
« ouvriers embrigadés de la semaine précédente, deux
« jours de travail par semaine, c'est-à-dire *huit* francs
« par semaine à chaque ouvrier quoi qu'il arrive, qu'on
« ait du travail à lui donner ou qu'on n'en ait pas, qu'il
« soit chez lui, au chantier, à la revue ou à l'élection,
« le gouvernement fait un sacrifice considérable ; il ne
« peut le faire plus grand. Lorsque nous promettions
« un jour de travail sur deux, vous étiez seulement
« vingt-cinq mille (16 mars) ; la dépense n'était que
« de 39,750 francs par jour. Aujourd'hui que vous êtes
« soixante-quatre mille, en assurant 8 francs par se-
« maine à chaque ouvrier, le pays fait pour vous un
« sacrifice de 91,760 francs par jour. Bientôt peut-être
« vous serez cent mille. Jugez vous-mêmes s'il n'est pas
« difficile de donner plus.

« Cependant, vous le savez, nous sommes prêts à tout
« faire pour vous ; ayez confiance, nous sommes vos
« amis et vos frères et notre cœur saigne de vos souf-
« frances.

« Nous avons dit hier que tout homme nécessiteux et
« chargé de famille se ferait inscrire sur-le-champ par
« le délégué de la brigade ; sa position ayant été vérifiée
« par le chef de service, il recevra aussitôt, et tous les
« jours, des bons de secours en nature, pain, viande et
« bouillon. Nous savons que bien des hommes ne
« peuvent se suffire avec ce qui leur est alloué, et il y a

« quinze jours que nous demandons pour eux ce soula-
« gement si nécessaire.

« EMILE THOMAS,

« Commissaire de la République, Directeur des
« Ateliers nationaux. »

J'ai tenu à reproduire ces proclamations officielles pour que l'on connaisse bien quelle était la malheureuse situation des hommes embrigadés. La situation devenait de jour en jour plus difficile, et, comme l'expliquait le directeur, le nombre des embrigadés, qui était de 64 mille, devait bientôt être de 100 mille, et cela de la volonté ou de l'incurie des propriétaires de Paris, car il ne faut pas oublier que, pour être admis aux ateliers nationaux, *l'ouvrier devait être nanti d'un certificat de son propriétaire constatant qu'il était sans travaux ;* en échange de ce certificat le commissaire remettait un bulletin pour la mairie, et la mairie, en échange, en délivrait un d'admission pour le bureau central. Si l'Assemblée constituante entendait les cris du commerce et de l'industrie manquant d'ouvriers, comme le prétend M. de Falloux, pourquoi laissait-on pendant tout le mois de mai les enrôlements continuer à Monceaux ? pourquoi les propriétaires de Paris, au lieu de conseiller aux ouvriers sans travaux de se rendre aux cris du commerce et de l'industrie, délivraient-ils des bulletins pour augmenter le nombre des soi-disant perturbateurs de l'ordre public ?

M. de Falloux prétend avoir été témoin des efforts

qui ont été faits pour arriver à la dissolution *pacifique* des ateliers nationaux, et qu'un extrait du rapport qu'il avait lu, et qui avait été approuvé, fut affiché par les ordres de M. Trélat, ministre des travaux publics, comme expression de la pensée du gouvernement.

Ces moyens pacifiques, sans doute indiqués par M. de Falloux, puisqu'il prétend que son rapport à ce sujet avait été approuvé, étaient peut-être les suivants, que je copie textuellement sur une déclaration imprimée et signée des quatre sous-directeurs des ateliers nationaux et qui fut distribuée à tous les chefs :

Ordre envoyé par le ministère au directeur des ateliers nationaux.

« MONSIEUR,

« J'ai l'honneur de vous annoncer que la commis-
« sion du pouvoir exécutif vient d'adopter les mesures
« suivantes à l'égard des ateliers nationaux :

« 1° *Les ouvriers célibataires, âgés de 18 à 25 ans,*
« *seront invités à s'enrôler sous les drapeaux de la Répu-*
« *blique pour compléter les différents corps de l'armée.*

« *Ceux qui refuseront de souscrire des engagements*
« *volontaires seront immédiatement rayés des listes d'em-*
« *brigadement des ateliers nationaux ;*

« 2° Les ouvriers qui ne pourront justifier réguliè-
« rement d'une résidence de six mois, avant le 24 mai,
« seront congédiés et cesseront de recevoir des salaires
« et des secours ;

« 3° Les listes d'ouvriers, dressées par arrondisse-
« ment et par profession, seront déposées dans un
« bureau spécial établi au centre de Paris, et les
« patrons pourront requérir tel nombre de ces ouvriers
« qu'ils déclareront être nécessaire à la reprise de leurs
« travaux ; ceux qui refuseront de les suivre seront à
« l'instant même rayés de la liste générale des ateliers
« nationaux ;

« 4° Les ouvriers qui ne se trouveront pas compris
« dans le cas d'exclusion prévu par les articles pré-
« cédents, et qui provisoirement continueront à faire
« partie des ateliers nationaux, seront tenus de tra-
« vailler à la tâche et non à la journée ;

« 5° Il sera organisé, dans le plus bref délai possible,
« des brigades d'ouvriers que l'on dirigera dans les dé-
« partements pour être employés, sous la direction des
« ingénieurs des ponts et chaussées, à l'exécution des
« grands travaux publics.

« Je vous invite, monsieur, à vous occuper, avec la
« plus grande célérité possible, de l'application des
« dispositions arrêtées par la commission du pouvoir
« exécutif.

« *Signé* : TRÉLAT.

« Pour ampliation :

« Le Secrétaire général : BOULAGE. »

M. Thomas refusa d'exécuter ces ordres sous sa responsabilité personnelle, et alors on lit ce qui suit :

« Hier 26, à 9 heures du soir, M. Émile Thomas,

« commissaire de la République, directeur des ateliers
« nationaux, a été appelé au ministère des travaux
« publics. A 11 heures, M. Boulage, secrétaire de ce
« département, arrivait au parc de Monceaux chargé
« de tranquilliser les parents et amis de M. Thomas ;
« *il venait d'être enlevé par ordre supérieur* ; M. Boulage
« venait expliquer cette disparition ; il était porteur
« d'une lettre de M. Thomas, ainsi conçue :

« CHÈRE MÈRE,

« Je suis forcé de partir pour Bordeaux ; ma sécurité
« personnelle n'est pas en danger, j'espère revenir
« bientôt.

« EMILE THOMAS. »

« M. Boulage prétendait que M. Thomas avait été
« éloigné de Paris pour le soustraire à un complot
« contre sa sécurité personnelle.

« La nuit s'est passé en courses faites par les em-
« ployés des ateliers nationaux, qui ont vu MM. Boulage,
« Adam, etc., pour leur dire toutes les difficultés que
« pourrait faire naître cette nouvelle, portée à la com-
« mission des ouvriers. M. Boulage avait assuré que
« le ministre des travaux publics viendrait lui-même au
« bureau central dès le matin, et en effet il s'y trouvait
« aujourd'hui à 7 heures.

« M. Trélat était accompagné par M. Boulage ; ces
« messieurs ont été reçus par les sous-directeurs. Le mi-

« nistre, prié de s'expliquer sur les motifs de la violence
« exercée contre M. Thomas, ne le fait qu'avec beau-
« coup d'embarras ; il a affirmé que M. Thomas avait
« été chargé d'une mission importante, qu'il était parti
« pour Bordeaux, où il devait faire l'étude d'un canal.
« Sur l'observation faite que M. Thomas ne pouvait pas
« s'être chargé d'un travail de ce genre, qui était assez
« peu de sa compétence, M. le ministre a corrigé ce
« qu'il avait dit d'abord, et a prétendu que des embri-
« gadements considérables devaient être faits. M. Tho-
« mas, pour remplir cette mission, ne devait pas être
« forcé de quitter sa mère, ses frères et ses amis sans
« un adieu, ses employés sans instruction pour le ser-
« vice. Tous les employés présents *ont protesté contre ce*
« *fait inouï* et ont immédiatement déposé leurs insignes,
« affirmant qu'ils quitteraient les ateliers nationaux ,
« si on ne leur donnait les moyens de vérifier par eux-
« mêmes si aucune violence ne s'exerçait contre
« M. Thomas.

« A 9 heures, MM. Polonceau et Flachat, membres
« d'une commission d'organisation des travailleurs, se
« sont présentés au parc Monceaux ; ils étaient envoyés
« par M. Marie et chargés d'obtenir des employés qu'ils
« restassent tous à leur poste. Voici le rapport qu'ils
« ont adressé au ministre et la réponse de celui-ci :

« MONSIEUR LE MINISTRE,

« Nous avons l'honneur de vous faire connaître le
« résultat de la mission que nous venons de remplir

« auprès des personnes chargées de la direction des
« ateliers nationaux.

« Ces messieurs nous ont déclaré que la situation
« résultant du dernier acte du gouvernement envers
« M. Émile Thomas le plaçait, vis-à-vis des ouvriers
« des ateliers nationaux, dans une situation telle qu'il
« leur était impossible d'accepter la responsabilité des
« circonstances qui pourraient se produire immédiate-
« ment ; qu'ils étaient dans la nécessité de protester
« contre ce que cette mesure avait d'imprévu et de
« secret ; que le secret même dans cette circonstance lé-
« gitimait leur inquiétude et leurs protestations ; que
« néanmoins, et justement à cause de la gravité des cir-
« constances, ils offraient leur concours et feraient tous
« leurs efforts, en continuant leurs fonctions, pour
« maintenir l'ordre et le calme parmi les ouvriers. Ils
« ont enfin déclaré que ce concours ils ne le donne-
« raient qu'à la condition qu'il serait purement désin-
« téressé tant pour eux que pour M. Émile Thomas ;
« ils demandent à en être exonérés le plus tôt possible,
« leur volonté n'étant pas de faire partie d'une organi-
« sation nouvelle dans laquelle les conditions d'influence
« sur l'ouvrier, qu'ils ont eue jusqu'à ce jour, seraient
« atténuées par les actes irréparables peut-être qui ont
« eu lieu ; dans tous les cas, ils demandent que le pre-
« mier acte du gouvernement soit de constater par une
« proclamation l'appréciation des services rendus par
« M. Émile Thomas ; ils demandent également qu'ils
« soient mis à même d'acquérir directement la preuve

« que c'est en toute liberté que M. Émile Thomas a ac-
« cepté la mission dont on le dit chargé, et que son
« libre arbitre lui soit complétement laissé pour son
« retour dans sa famille, si cela lui convient.

« En résumé, nous avons trouvé parmi ces messieurs
« la volonté unanime de rendre, dans la situation criti-
« que des ateliérs, tous les services que le dévouement
« le plus désintéressé peut inspirer ; mais nous avons
« également reconnu qu'un acte de réparation suscep-
« tible de maintenir M. Émile Thomas au rang qu'il a
« pris dans l'estime publique, soit par ses rervices per-
« sonnels, soit par le dévouement qu'il a su inspirer
« autour de lui, était la condition formelle de ce con-
« cours dévoué ; que cet acte, pour satisfaire pleine-
« ment le sentiment des hommes qui protestent contre
« les formes qui ont présidé à l'éloignement de M. Émile
« Thomas, devait être immédiatement publié. »

*Aux citoyens membres de la commission instituée pour la
solution des questions relatives aux ateliers nationaux.*

« CITOYENS,

« Je me hâte de répondre à votre rapport. Il n'y a
« rien eu, dans la mesure prise à l'égard de M. Émile
« Thomas, qui puisse porter atteinte à son caractère,
« à son honneur, ni diminuer la justice rendue à ses
« services.

« Ce que vous avez obtenu de MM. les élèves de
« l'École centrale ne me surprend pas ; le pays

« attend d'eux de longs services, et ils ne pouvaient
« méconnaître combien il importe que tous les efforts
« s'unissent pour diminuer et guérir les souffrances
« qui se font sentir.

« Veuillez, je vous prie, messieurs, recevoir mes
« remerciements pour l'empressement que vous avez
« mis à remplir votre mission et l'assurance de mes
« sentiments dévoués.

« Le Ministre des Travaux publics,

« Trélat. »

« Pendant la visite de MM. Polonceau et Flachat,
« une lettre de M. Thomas est apportée ; elle est
« adressée à sa mère ; elle porte sur sa suscription :
« *dix francs au porteur*, et paraît avoir été jetée sur la
« voie publique, confiée à la bonne foi du passant ; la
« voici :

« Ma chère mère,

« Sois parfaitement tranquille, ma démission a été
« exigée, je m'en vais à Bordeaux dans une calèche
« avec deux braves agents qui n'ont pas d'autres ins-
« tructions que de m'y laisser libre.
« Écris-moi, poste restante, à Bordeaux, tout de
« suite.

« É. Thomas. »

Voici la démission signée par M. Émile Thomas :

« Monsieur le Ministre,

« Les termes de l'arrêté en date de ce jour, éma-
« nant de votre administration, instituent entre vous et
« moi l'autorité dictatoriale d'une commission, des
« actes de laquelle je ne puis accepter la responsabi-
« lité, puisque je n'en connais pas les intentions.

« Ma ligne invariable de conduite a été et sera tou-
« jours de conseiller aux ouvriers la sagesse, aux gou-
« vernants la prudence, en même temps que l'énergie
« indispensable en cette époque de rénovation poli-
« tique et sociale.

« Mais d'abord et avant tout, d'obéir à ma cons-
« cience et de garder mon libre arbitre.

« Le libre arbitre m'étant retiré, je dois, monsieur
« le ministre, malgré tout mon dévouement et l'affec-
« tion que je porte à votre personne, à celle même de
« plusieurs membres de la commission, considérer les-
« dits termes de l'arrêté comme une destitution, que
« j'accepte avec d'autant plus de plaisir qu'elle me
« permet de rentrer dans la vie privée et me rend mes
« droits et mes devoirs de simple citoyen.

« Votre bien dévoué serviteur,

« Ém. Thomas. »

Cette démission acceptée, M. Émile Thomas fut
remplacé par M. Léon Lalanne.

Une partie de ces moyens *pacifiques* furent mis à
exécution ; on procéda au recensement général, puis on

forma des brigades d'ouvriers qui furent rayés des
contrôles des ateliers nationaux et que l'on dirigea
dans les départements.

Aucune disposition n'avait précédé ces ouvriers; en
conséquence, ils furent chassés des provinces par les
ouvriers de ces localités qui n'avaient pas de travaux
pour eux-mêmes. Ces ouvriers reprirent le chemin de
la capitale, et, en arrivant à Paris, ils furent repoussés
des ateliers nationaux. Ceci se passait à la date du
22 juin.

Sans pain, sans aucune ressource, ces malheureux
se rendirent au Luxembourg, non pour porter un ultimatum de guerre, comme le prétend M. de Falloux,
mais bien pour exposer leur malheureuse position.

Leurs délégués furent brutalisés. Profitant du déses-
poir de cette poignée d'hommes (ils étaient environ
douze cents), les révolutionnaires mécontents, dont les
illusions avaient été déçues, entraînèrent ces malheureux sur la place du Panthéon, et là, par des promesses
mensongères, ils les poussèrent à la révolte.

Les meneurs qui s'étaient placés à la tête de ces malheureux décidèrent que dès le lendemain matin on
élèverait des barricades sur certains points, qu'ils prirent
le soin de désigner.

Ces premières dispositions de la révolution de juin
n'étaient pas ignorées du chef du pouvoir exécutif.

Le général Cavaignac échelonna bien des troupes
près des points indiqués, mais avec ordre de rester
l'arme au bras. Ainsi, près du quai aux Fleurs, une for-

midable barricade fut élevée sous les yeux des soldats, et le chef de bataillon répondait aux supplications des habitants du quartier d'empêcher de construire cette barricade : « J'ai ordre de laisser faire. » Et peu d'heures après, une partie de ces soldats perdaient la vie en détruisant cette barricade.

Pendant que le sang coulait, que faisaient les chefs des ateliers nationaux ? Fidèles à leur devoir et malgré les obstacles dont ils étaient entourés, ils faisaient tous leurs efforts pour retenir les ouvriers dans les rangs de la garde nationale ; puis, cédant aux réclamations de ceux qui n'avaient pas de pain, ils se rendaient au parc de Monceaux pour y prendre l'argent nécessaire à la solde de ces malheureux.

Aux Champs-Élysées, sans aucune provocation, les dragons chargeaient le premier qui s'obstinait à vouloir traverser. Malgré ces obstacles de toute nature, je parvenais moi-même au péril de ma vie sur la place Belle-chasse, au centre des ministères et à deux pas de l'Assemblée nationale, au milieu de plus de sept mille hommes armés ; ils faisaient tous partie de la garde nationale. Ils avaient quitté leurs compagnies pour venir recevoir leur salaire.

Pendant mon absence, des fauteurs de désordre avaient cherché à décider cette masse d'hommes armés à s'emparer de l'Assemblée nationale, qui, en ce moment, n'avait que quelques centaines de soldats pour la garder.

Je n'avais que des billets de banque ; j'étais donc dans l'impossibilité de payer les ouvriers, dont une partie commençait à tenir des propos menaçants. C'est alors que spontanément il me fut offert par le ministère de l'intérieur tout l'argent disponible en échange des billets dont j'étais porteur ; d'un autre côté, un de mes chefs de compagnie, M. Michelet, élève de l'École centrale, aujourd'hui propriétaire d'une grande filature, était assez heureux de trouver chez son père, en échange des billets que je lui avais remis, l'argent nécessaire pour solder les ouvriers de la compagnie. Avec cet argent il nous fut possible de faire la paye et de sauver l'Assemblée en renvoyant séparément chaque ouvrier dans les rangs de la garde nationale. Dans les autres arrondissements, autant qu'il était en leur pouvoir, les chefs agirent de la même manière, et le gouvernement, n'ayant plus affaire qu'à trois arrondissements, fut vainqueur.

N'est-on pas saisi, je ne dirai pas d'indignation, mais de pitié, quand on lit ce passage de la brochure de M. de Falloux (page 32) rappelant une discussion à l'Assemblée :

« La République a été fondée le 23 juin, lorsque les
« départements sont arrivés ici en foule, lorsque l'élite
« de toutes les opinions, de tous les partis sont venus
« nous apporter quoi ? des soutiens à l'émeute ? quoi ?
« des oppositions, des divisions, des récriminations,
« des argumentations ? Non ; ils vous ont apporté leur
« sang, le plus pur de leur sang et celui de leurs
« enfants. Si vous croyiez alors que nous avions au cœur
« de ces pensées implacables, de ces sentiments stu-

« pides que rien n'apaise, que rien n'éclaire, il fallait
« le dire ce jour-là. Il fallait dire : La République n'a
« pas besoin de vous pour se défendre. Ramenez vos
« enfants, ramenez vos gardes nationales. »

Oui, monsieur de Falloux, il y avait de quoi vous
glorifier au lendemain de la bataille. Pour nous, travailleurs, nous remercions Dieu d'avoir détourné du
piége qui leur était tendu, et du massacre, la plus
grande partie des ouvriers, et nous sommes encore
heureux aujourd'hui de vous laisser tout l'honneur
d'avoir noyé dans le sang ces malheureux affamés qui
ne demandaient que du travail ou du pain.

L'ORGANISATION.

De même que dans les précédents chapitres, après
avoir analysé toutes les explications fournies par l'auteur de la brochure, on retrouve les mêmes erreurs et
les mêmes tendances à agiter le pays. Ainsi, à peine le
président de la République est-il installé que l'on songe
à son renversement.

On conspire rue de Rivoli, et enfin, la droite de
l'Assemblée en arrive à vouloir mettre en accusation le
président de la République, sans s'inquiéter du compte
sévère que les six millions de Français qui l'avaient
acclamé pourraient lui demander ; on arrive à l'auda-
cieuse proposition des questeurs. M. de Falloux écrit à
à ce sujet :

« La proposition des questeurs arriva devant l'As-

« semblée, le 17 novembre 1851. Cette séance, dit
« M. Tonos, fut pleine de trouble, anxieuse, presque
« sinistre. On comprenait qu'un coup d'État, c'est-à-
« dire la guerre civile et l'inconnu au bout, pouvait
« éclater à l'issue de la délibération. »

Ainsi, peu importait à M. de Falloux et à ses amis de
la droite ces extrémités. La guerre civile, encore une
masse d'ouvriers sans pain. Qu'importe! Ces proposi-
tions obligeaient le président de tenter un coup d'État,
alors il était perdu, les républicains le traitaient en des-
pote; il en résultait peut-être une guerre acharnée,
qu'importe encore, car au milieu de cette seconde bou-
cherie ils pouvaient s'emparer du pouvoir.

Du reste, n'avaient-ils pas pour parer au danger les
moyens pacifiques qu'ils avaient conseillé aux journées
de juin 1848?

LE BUT.

Le but de M. de Falloux est toujours le même, renversement de toutes institutions, jusqu'à ce que son
parti soit au pouvoir. Dans cette partie de la brochure
qu'il a publiée au sujet des élections, il commence par
écrire les lignes suivantes :

« Faire reposer la destinée d'un peuple sur la tête
« d'un homme, c'est le plus grand de tous les crimes »,
disait la patriotique voix de M. Berryer.

D'abord, vous dites patriotique voix, parce que
M. Berryer, sous le masque du protecteur des libertés,
sous lequel vous, monsieur, vous cherchez encore à

vous cacher aujourd'hui, a toujours conspiré pour ramener le comte de Chambord sur le trône de France.

Vous continuez :

« Le second Empire s'est annoncé sous des auspices
« qui ont séduit beaucoup de gens : il promettait la
« paix à l'extérieur et la sécurité à l'intérieur.

« Cet idéal a duré quinze ans. Qu'a-t-il produit? A
« l'extérieur, après Sébastopol et Solférino, Castelfi-
« dardo, Queretaro, Sadowa ! A l'intérieur, après une
« courte phase d'apaisement, ce déchaînement des
« journaux officieux et officiels contre le passé qu'ils
« accommodent à leur guise sous le nom de clérical,
« la mise en suspicion où on interdit des œuvres de
« charité, la menace suspendue sur les institutions reli-
« gieuses, la convention du 15 septembre suivie des
« conséquences que tout le monde avait prévues, la pro-
« fusion et le désordre dans les finances, une loi mili-
« taire qui met le comble aux inquiétudes de l'agri-
« culture.

« Qu'aurait fait de pire ce parti libéral tant re-
« douté? »

En écrivant ces lignes, avez-vous bien réfléchi? Vous qui prétendez être le plus grand partisan de l'ordre, vous qui en juin 48 n'aviez en face de vous que de malheureux ouvriers que vous pouviez satisfaire avec un peu de pain, vous n'avez abouti qu'à une bataille fratricide la plus sanglante.

Vous prétendez que le gouvernement, qui a raffermi la société qui avait été ébranlée par ignorance d'une partie des hommes de parti, qui a fait exécuter des travaux de la plus grande nécessité sur tous les points de la France, en un mot, qui nous a sortis, nous travailleurs, de la misère où les révolutionnaires et les agitateurs nous avaient placés; vous qui prétendez être un partisan du pouvoir temporel du pape, vous osez affirmer que le gouvernement n'a rien fait! En vérité, vous êtes bien exigeant.

Pour nous, — je dis nous parce que nous sommes des millions de travailleurs qui aimons l'ordre au point de vue du progrès et du bien-être de la famille et non pas dans l'intérêt d'un parti, — nous trouvons, au contraire, qu'il a trop fait pour ce pouvoir, l'unique cause de tous nos troubles intérieurs et extérieurs.

Enfin, qu'avez-vous fait pour être aussi exigeant? Au lieu de pratiquer les vrais principes de l'ordre, dont vous prétendez être un des plus partisans, vous publiez une brochure, et peut-être beaucoup d'autres écrits que je ne connais pas, dans le but d'agiter le pays au nom de la liberté que vous avez constamment refusée à vos adversaires politiques.

Votre livre, monsieur, écrit avec plus de tact et plus d'habileté à déguiser le vrai but que vous vous proposez, n'est pas moins dangereux pour l'ordre que ces écrits incendiaires semés à l'étranger par d'autres de l'Académie française.

Heureusement que la prospérité de la France, prospérité que vous niez, nous fournit les moyens, à nous travailleurs, de porter à l'étranger l'industrie de la

France et de saisir ces occasions pour flétrir, chez ces étrangers mêmes, ces hommes si peu dignes d'être Français.

J'ajoute encore en terminant :

Nous sommes aussi des millions de catholiques qui, loin d'être l'ennemi du pape, nous empresserions de le soutenir s'il donnait l'exemple de la sagesse et de l'abnégation en abandonnant *le pouvoir temporel*, l'unique cause de tous les malheurs que notre pays a éprouvés, et qui est si peu en harmonie avec les principes de Jésus-Christ, que nos bons curés, amis de notre enfance, nous ont enseignés.

Nous ne sommes donc pas les ennemis de l'Église ; mais avant tout, nous voulons l'ordre et la tranquillité dans notre pays, et, dans la conviction que nous éloignons des affaires du gouvernement des agitateurs, nous repousserons toute candidature de votre choix ou tout candidat ayant les mêmes opinions religieuses que la vôtre, parce que le but qu'ils se proposent, vous venez de nous l'apprendre par votre brochure, est d'arriver à la Chambre pour entraver les affaires de l'État dans l'intérêt d'une puissance étrangère ou d'un parti, sous prétexte de donner à la France des institutions beaucoup plus libérales.